SOPPELSA

T0277963

Diese Buchreihe stellt Band für Band die Bauwerke von ausgewählten jüngeren Schweizer Architekturschaffenden vor, deren Arbeiten durch besondere Qualität überzeugen. Seit 2004 kuratieren wir die Reihe *Anthologie* in Form einfacher Werkdokumentationen. Sie ist vergleichbar mit der «Blütenlese», wie sie in der Literatur für eine Textsammlung vorgenommen wird. Es liegt in der Natur des Architektenberufs, dass die Erstlingswerke meist kleinere, übersichtliche Bauaufgaben sind. Sie sind eine Art Fingerübung, mit der junge Architekturschaffende das Erlernte anwenden und ihr architektonisches Sensorium erproben und entfalten können. Begabung und Leidenschaft für das Metier lassen sich dabei früh in voller Deutlichkeit und Frische erkennen. So stecken in jedem der kleinen und grossen Projekte inspirierte Grundgedanken und Vorstellungen, die spielerisch und zugleich perfekt in architektonische Bilder, Formen und Räume umgesetzt werden. Immer wieder wird mir dadurch bewusst, dass in der Architektur wie in anderen Kunstformen die Bilder und Ideen, die hinter einem Werk stehen, das Wesentliche sind. Es mag diese Intuition sein, die Kunstschaffende haben, die über ihr Werk wie ein Funke auf die Betrachtenden überspringt, so wie es der italienische Philosoph Benedetto Croce in seinen Schriften eindringlich beschrieben hat.

Heinz Wirz
Verleger

Each volume in this series presents buildings by selected young Swiss architects whose works impress with exceptional quality. Since 2004, we have been curating the *Anthologie* series by simply documenting their oeuvre. The series can be compared to a literary anthology presenting a collection of selected texts. It is in the nature of the architectural profession that early works are mostly small, limited building tasks. They are a kind of five-finger exercise in which the young architects apply what they have learnt, as well as testing and developing their architectural instincts. Talent and a passion for the profession can be seen at an early stage in all of its clarity and freshness. Each project, be it large or small, contains an inspired underlying concept and ideas that are playfully and consummately implemented as architectural images, forms and spaces. Thus, I am regularly reminded that in architecture, as in other art forms, the essence of a piece of work is formed by the images and ideas upon which it is based. Perhaps this is the same intuition described so vividly by the Italian philosopher Benedetto Croce, one that is absorbed by the artist and flies like a spark via the work to the viewer.

Heinz Wirz
Publisher

SOPPELSA

QUART

DIE KRAFT DES EINZELSTÜCKS

Elias Baumgarten

Mario und Nino Soppelsa haben ihr Büro an der Zürcher Flurstrasse – gleich neben dem Koch-Areal, das nach zehnjähriger Besetzung nun entwickelt werden soll; dort also, wo die Stadt gerade im Umbruch ist. Das kommt nicht von ungefähr: Die Brüder interessieren sich für die Entwicklung von Orten, möchten ihre Geschichte mit architektonischen Mitteln fortschreiben. Aus ihren Entwürfen spricht die Fähigkeit, sich frei von Dogmatismus und ohne Berührungsängste immer neu auf den Kontext einzulassen. Stets sind ihre Bauten das Produkt einer intensiven Auseinandersetzung mit dem Ort und den Bedürfnissen seiner Nutzerschaft. Dabei spielt es keine Rolle, ob sie bestehende Schulanlage im dörflichen Kontext erweitern wie in Oberrüti oder auf einem topografisch anspruchsvollen Grundstück mit einer neuen Wohnanlage einen sozialen Raum aufspannen wie beim Haus im Hagmannareal in Winterthur. Ihre Haltung macht ihre Gebäude zu massgeschneiderten, ortsbezogenen Einzelstücken.

Mario und Nino Soppelsa sind Wettbewerbsarchitekten aus Überzeugung: Sie lieben es, sich mit immer neuen Aufgaben auseinanderzusetzen. Ihre Leidenschaft, sagen sie, sei der Entwurf, das langsame Herausschälen der bestmöglichen Lösung. Entscheidungen für Materialien oder Konstruktionsweisen treffen sie in Abhängigkeit von den jeweiligen Anforderungen: Mal erscheint ein konsequenter Holzbau als der richtige Weg wie beim Neubau des Oberstufenzentrums in Ins, ein andermal das Zusammenspiel von Sichtbeton, Seekiefer und gewellten Aluminiumplatten wie bei der neuen Doppelsporthalle der Schulanlage in Oberrüti.

Und doch gibt es ein gemeinsames Element bei allen Projekten: ihre dramaturgische Durchbildung. Für das Bahnhofsareal in Wollishofen entwickelten die Brüder etwa eine offene Bebauung entlang des Gleisfeldes, bei der sich durch die Setzung der Bauten ein Raumkontinuum mit einer repräsentativen Ankunftssituation und einem sorgfältig ausgestalteten Übergang zum durchgrünten Wohnquartier ergibt. Durch das Öffnen und Schliessen von Platzräumen und Durchgängen sowie die als Charaktere gestalteten Häuser entwickelt sich ein inspirierender Rhythmus – eine Qualität, die sonst vor allem historischen Stadträumen innewohnt.

THE POWER OF THE INDIVIDUAL PIECE

Elias Baumgarten

Mario and Nino Soppelsa's office is located in Zurich's Flurstrasse right next to the Koch Quarter, which is now set to be developed after being occupied for ten years; in other words, right where the city is transforming. This is not coincidental: the brothers are interested in developing places, aiming to continue their story through architectural means. Their designs reflect the ability to engage with the context anew, free from dogmatism and without hesitation. Their buildings are always the result of an intense interaction with the location and the needs of the users. Whether they are expanding an existing school complex in a village, as in Oberrüti, or creating a new residential complex and social space on a topographically challenging site, as in the case of the Hagmannareal in Winterthur, their approach creates buildings that are tailored, site-specific individual pieces.

Mario and Nino Soppelsa are competition architects by conviction: they love engaging with new tasks. Their passion, they say, is the design process, the slow refinement of the best solution. Decisions about materials and construction methods are made based on specific requirements. Sometimes a uniform timber construction offers the best approach, as in the case of the new secondary school in Ins; in the new double sports hall of the Oberrüti school complex, it is the interplay of exposed concrete, pine wood, and corrugated aluminium panels.

One element is shared in common by all their projects: dramatic coherence. For the grounds of the Wollishofen train station, the brothers developed an open structure along the railway tracks where the placement of buildings creates a spatial continuum with a representative arrival situation and a carefully designed transition to the green residential quarter. By opening and closing squares and passageways, as well as designing the houses as distinct characters, an inspiring rhythm emerges, a quality primarily associated with historical urban spaces.

SCHULERWEITERUNG CAMPUS MOOS, RÜSCHLIKON
Fertigstellung 2023

Die Erweiterung der Schulanlage Moos in Rüschlikon versteht sich als ein konsequentes Weiterbauen der ursprünglichen Anlage von Zweifel+Strickler Architekten aus dem Jahre 1966. Der neue Trakt C wird direkt an den bestehenden Trakt B angebaut. Der Duktus der Bestandsbauten ist geprägt von räumlichen Rückstaffelungen und wird im Neubau weitergeführt. Die Gebäudehöhe wird zum Pausenplatz im Norden hin übernommen und südlich, zum Platanensaal hin, auf vier Geschosse erhöht. So wird die Gesamtfigur mit einem kopfartigen Abschluss akzentuiert und bildet als selbstbewusster Abschluss ein Gegenüber zum Schulcampus Moos. Gleichzeitig wird der Pausenhof mit dem Neubauvolumen räumlich klar gefasst. Das bestehende Vordach wurde erweitert und führt nun vom Pausenhof um den Neubau Trakt C bis zum Platanensaal.

MOOS SCHOOL CAMPUS EXPANSION, RÜSCHLIKON
Completion 2023

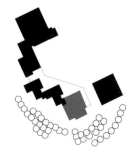

The expansion of the Moos school complex in Rüschlikon is conceived as a consistent continuation of the original design by Zweifel+Strickler Architects from 1966. The new Block C is directly attached to the existing Block B. The architectural character of the existing buildings is defined by spatial staggered setbacks, a feature that is continued in the new construction. The height of the building is maintained towards the northern playground and increased to four stories towards Platanen Hall to the south. This accentuates the overall figure, providing a distinctive head-like conclusion that stands as a confident counterpart to the Moos school campus. Simultaneously, the new volume clearly delineates the schoolyard space. The existing canopy has been expanded and extends from the courtyard around Block C up to Platanen Hall.

Die neue Gesamtfigur bildet zum
Platanensaal hin einen markanten
viergeschossigen Abschluss
**The new overall figure forms a
striking four-storey conclusion
towards Platanen Hall**

Perforierte Betonplatten offenbaren das dünnhäutige Fassadenkleid und lassen ein spannendes Licht-Schatten-Spiel entstehen
Perforated concrete panels reveal the delicate façade and create an engaging play of light and shadow

Das Vordach akzentuiert den südlichen Zugang zum Areal
The canopy accentuates the arrival point of the southern entrance

Die differenzierten Lernwelten sind durch
die visuell offene Gestaltung der doppelgeschossigen Clusterhallen erlebbar
**The varied learning environments are
experienced through the open design of
the double-storey cluster halls**

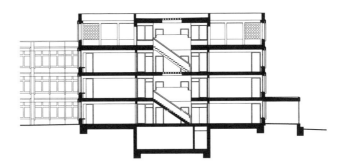

Separate Zugänge zu den verschiedenen
Schulstufen erlauben eine Entflechtung von
Primar- und Sekundarschule bei gleichzeitiger
Nutzungsverdichtung
**Separate entrances for different years
allow for a separation of the primary and
secondary schools while increasing the
density of use**

Die Tragstruktur in Skelettbauweise ermöglicht
eine dauerhafte Nutzungsflexibilität
**The skeletal structural system provides
long-term use flexibility**

Die Dachpergola bietet den Sekundarschülerinnen und
-schülern eine zusätzliche Pausenfläche und kann als Garten
genutzt werden
**The rooftop pergola offers additional break space for
secondary school students and can be used as a garden**

Das Gerippe der Tragstruktur prägt die räumliche Atmosphäre der
Unterrichtsräume
**The framework of the supporting structure defines the spatial atmosphere
of the classrooms**

WOHN- UND GESCHÄFTSHAUS, ZÜRICH-WITIKON

Studienauftrag 2022, 1. Preis

Der neue Zentrumsbau bezieht sich als strassenbegleitendes Volumen in seiner Massstäblichkeit auf die altrechtlichen Arealüberbauungen in zweiter Reihe. Mit dem neuen Baukörper wird ein Ort geschaffen, welcher dem Zentrum Unterdorf in Witikon städtebaulich und programmatisch eine neue Identität verleiht. Das in der Höhe gestaffelte Gebäude markiert die Strassenecke mit einem kopfartigen Abschluss. Erkerartige Vorsprünge, Eckrisalite und vorgelagerte erdgeschossige Arkaden als vermittelnde Elemente zur Nachbarschaft gliedern den neuen Zentrumsbau und schaffen sowohl aussen- wie auch innenräumliche Bezüge. Die städtebauliche Setzung und die räumliche Durchlässigkeit erzeugen einen grosszügigen, hochwertigen Freiraum, welcher gut an die Witikonerstrasse angebunden ist. Damit ergibt sich sowohl für das neue Haus wie auch für die Bestandsbauten des Areals eine klare Adresse – gekoppelt mit einer Offenheit zum Quartier, die seiner Funktion als Quartierzentrum Rechnung trägt.

RESIDENTIAL AND COMMERCIAL BUILDING, ZURICH-WITIKON

Feasibility Study 2022, 1st Prize

The new central building, positioned as a volume adjacent to the street, draws its scale from the pre-existing developments located in the second row of the site. The new architectural addition creates a space that imparts fresh urban and programmatic identity to the centre of Unterdorf in Witikon. The building's vertically staggered design marks the street corner with a distinctive apex. Bay-like projections, corner elements and forward-facing ground-floor arcades connect to the neighbouring context, structure the new urban building and establish both exterior and interior relationships. The urban placement and spatial permeability create an expansive, high-quality open area that integrates effectively with Witikonerstrasse. This results in a clear address for both the new building and the existing structures on the premises, as well as an openness to the community that acknowledges its function as a neighbourhood hub.

Die Staffelung der Bestandsbauten wird im
Neubau fortgeführt, aber eigenständig
weiterentwickelt
**The tiered layout of the existing buildings is
continued in the new construction but
developed with its own distinct character**

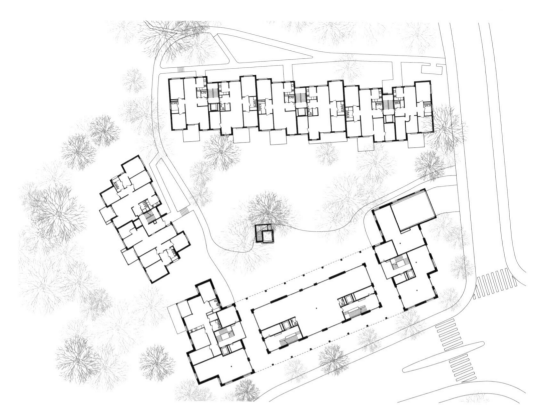

Eine Arkade artikuliert die Wichtigkeit der öffentlichen Nutzung und macht den Gedanken der Zentrumsfunktion nach aussen sichtbar

An arcade articulates the significance of public use and externally communicates the concept of a central function

Die strassenbegleitende Bebauung fasst mit den bestehenden Bauten räumlich einen parkartigen Innenhof

The street-front development spatially encloses a park-like courtyard in conjunction with the existing structures

16

QUART

HIGHLIGHTS

2023 /4

WORKBOOK
ATELIER SCHEIDEGGER KELLER

Atelier Scheidegger Keller
Workbook

Der Band versammelt Bauten und Projekte, die seit 2009 im Atelier Scheidegger Keller entstanden sind. Die Sammlung ist keine traditionelle Architektenmonografie, sondern gleicht vielmehr dem Logbuch einer Schiffsreise, in dem alle Daten und Handlungen der Reise aufgezeichnet sind. So dokumentieren hier Modelle, Diagramme, Codes, Texte, Karten, Pläne, Skizzen, Mock-ups, Bau- und Detailpläne, Ingenieur- und Werkstattzeichnungen, Baustellenbilder und Fotoserien den Prozess und die räumliche, typologische und konstruktive Recherche. In der Summe ergibt sich ein unmittelbarer Einblick in die vielschichtige Arbeitsweise und Gedankenwelt des Ateliers Scheidegger Keller.

Zu den vier realisierten Bauten zählen das viel beachtete Haus mit zwei Stützen in Wilen (2014) und das Studierendenwohnhaus Rosengarten in Zürich-Wipkingen (2020) mit seinen roh materialisierten doppelgeschossigen Hallen und Loggien.

260 Seiten, 24 × 33 cm
275 Abbildungen, 151 Pläne
drahtgeheftet
deutsch/englisch
ISBN 978-3-03761-279-8
CHF 48.– / EUR 48,–

Atelier Scheidegger Keller
Workbook

This volume compiles the buildings and projects produced by Atelier Scheidegger Keller since 2009. The collection is not a traditional architectural monograph, but is instead comparable to the logbook of a ship's voyage: it records all the particulars and actions on the journey. Models, diagrams, codes, texts, maps, plans, sketches, mock-ups, building and detail plans, engineering and workshop drawings, building-site images and photo series all document the process, as well as the sp... ...vas typological and constructive research involved. The resu... ...ch direct insight into the multifaceted working methods and v...ier. ceptual world of Atelier Scheidegger Keller. ...to

The four constructed buildings include the highly-acclaim... d-House with Two Columns in Wilen (2014) and the Rosengart... ... student accommodation in Zurich-Wipkingen (2020), with i... raw materialisation and double-storey halls and loggias.

260 pages, 24 × 33 cm
275 illustrations, 151 plans
Wire-stitched
German/English
ISBN 978-3-03761-279-8
CHF 48.00 / EUR 48.00

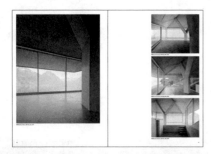

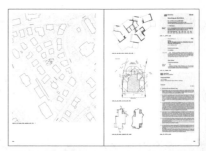

Kashef Chowdhury – Das Bewusstsein des Ortes

In seinem Büro Urbana, Bangladesch, entwirft Kashef Chowdhury Architekturen, die in der Geschichte und Natur ihres Ortes verwurzelt sind. Natur umfasst hierbei nicht nur Vegetation, Pflanzen und Wälder, sondern auch den spirituellen und kulturellen Kontext einer bestimmten Umgebung und Landschaft.

Das Bewusstsein des Ortes ist eine philosophische Auseinandersetzung Chowdhurys mit seinem eigenen Architekturverständnis, basierend auf seinen Forschungen und Vorträgen. Im Zentrum steht dabei die Bedeutung einer Architektur, die in der Lage ist, uns mit der Natur zu verbinden und uns von der Hektik des städtischen Lebens zu befreien. Häuser und Arbeitsplätze sollten in Oasen der Ruhe und Gelassenheit verwandelt werden, um die Vorzüge der Natur im Sinne einer Erneuerung und Entspannung nutzen zu können.

Kashef Chowdhury – The Consciousness of Place

In his office Urbana, Bangladesh, Kashef Chowdhury designs architecture that is rooted in the history and nature of the location. Nature in this sense not only consists of vegetation, plants and forests, but also the spiritual and cultural context of a specific environment and landscape.

The Consciousness of Place is Chowdhury's philosophical engagement with his own understanding of architecture, based on his research and lectures. It focuses on the significance of architecture, which is able to connect us to nature and liberate us from hectic urban life. Buildings and workplaces should be transformed into oases of peace and relaxation in order to benefit from nature's regenerative and relaxing qualities.

Autor: Kashef Chowdhury
Grafische Gestaltung:
BKVK – Visuelle Kommunikation

120 Seiten, 11,4 × 16,3 cm
52 Abbildungen
Hardcover, fadengeheftet
Englisch ISBN 978-3-03761-302-3
Deutsch (The Consciousness of Place)
978-3-03761-292-7
28.– / EUR 28,–

Autor: Kashef Chowdhury
Graphic design:
BKVK – Visuelle Kommunikation

120 pages, 11.4 × 16.3 cm
52 images
Hardcover, thread-stitched
English ISBN 978-3-03761-292-7
German (Das Bewusstsein
des Ortes)
ISBN 978-3-03761-302-3
CHF 28.00 / EUR 28.00

When I said I love the rain, the sun and everything in between I meant I wanted to build to enjoy the rain, the sun and everything in between. And where else but here, the home of the Brahmaputra and the Jamuna, wedded together in the softest soil, moist as the womb of the mother

And when we bring in light, let it become our light. When we propose rooms, let it be our kind of rooms. And when we create spaces for our citizens, let it have a flavor that is only ours and let it resonate to the pulse of our culture.

30 One O One – Seoul / 서울

Choi Wook ist Gründer und Protagonist des Büros One O One in Seoul, Südkorea. Seit 2000 entstehen hier Jahr für Jahr einige Preziosen der Baukunst, die deutliche Affinitäten ebenso zur koreanischen Architekturtradition wie zur europäischen Architektur aufweisen. Handwerkskunst, Präzision im Detail, Materialechtheit und eindrückliche Raumschöpfungen sind nur einige der bemerkenswerten Attribute der 13 hier vorgestellten Projekte.

180 Seiten, 22,5 × 29 cm, 168 Abbildungen, 32 Pläne
fadengeheftete Broschur, CHF 48.– / EUR 44,–
deutsch/englisch ISBN 978-3-03761-283-5
koreanisch/englisch ISBN 978-3-03761-284-2

Choi Wook is the founder and protagonist of the One O One office in Seoul, South Korea. Since 2000, he has been creating a number of architectural gems year after year that show clear affinities to Korean architectural traditions as well as to European architecture. Craftsmanship, precision in detail, material authenticity and impressive spatial creations are just some of the remarkable attributes of the 13 projects presented here.

180 pages, 22.5 × 29 cm, 168 images, 32 plans
Stitched brochure, CHF 48.00 / EUR 44.00
German/English ISBN 978-3-03761-283-5
Korean/English ISBN 978-3-03761-284-2

31 AllesWirdGut – Wien/München

AllesWirdGut mit Sitz in Wien und München wurde 1999 von Andreas Marth, Friedrich Passler, Herwig Spiegl und Christian Waldner gegründet. Der Name ist Programm: Neben einer hohen Wohnqualität, die sich durch ein grosses Mass an Flexibilität und Anpassbarkeit an sich wandelnde Lebensumstände auszeichnet, liegt der Fokus des international tätigen Büros vor allem auf sozialem Mehrwert. Dies manifestiert sich etwa im Falle des Sozialprojekts magdas Hotel in Wien. Zu den bekanntesten der mittlerweile mehr als 70 realisierten Bauten zählen d Schulcampus Hanhoopsfeld in Hamburg und der 20 fertiggestellte Bruckner Tower in Linz.

72 Seiten, 22,5 × 29 cm, 120 Abbildungen, 60 Plän
fadengeheftete Broschur, CHF 48.– / EUR 44,–
deutsch/englisch ISBN 978-3-03761-296-5

Based in Vienna and Munich, AllesWirdGut w founded in 1999 by Andreas Marth, Friedri Passler, Herwig Spiegl and Christian Waldn The name is the office's motto: in addition high-quality housing, which also offers consi erable flexibility and adaptability, the inte nationally operative office focuses on added social value. For instance, this is evident in the case of the social project magdas Hotel in Vienna.

72 pages, 22.5 × 29 cm, 120 images, 60 plans
Stitched brochure, CHF 48.00 / EUR 44.00
German/English ISBN 978-3-03761-296-5

101 Giorgis Rodriguez

2007 gründete Timothée Giorgis sein Büro in Genf, 2015 stiess Juan Rodriguez hinzu. Seither ist eine beachtliche Anzahl von Wohnbauten, Sanierungen und eine grosse Anlage mit Gemeinde- und Schulhaus in Satigny bei Genf entstanden. Diese ist mit einer ruhigen Geste behutsam in die Landschaft eingebettet. Die zurückhaltende Architektur offenbart eine ausgefeilte, detaillierte architektonische Sprache.

84 Seiten, 22,5 × 29 cm, 71 Abbildungen, 59 Pläne fadengeheftete Broschur, CHF 48,– / EUR 44,– deutsch/englisch ISBN 978-3-03761-256-9 spanisch/französisch ISBN 978-3-03761-280-4

Timothée Giorgis founded his office in Geneva in 2007 and was joined by Juan Rodriguez in 2015. Since then, a remarkable number of residential buildings and refurbishments have been completed, including a major facility with a municipal and school building in Satigny near Geneva. It is carefully embedded in the landscape with a calm gesture. The reserved developments reveal a refined, detailed architectural language.

84 pages, 22.5 × 29 cm, 71 images, 59 plans Stitched brochure, CHF 48.00 / EUR 44.00 German/English ISBN 978-3-03761-256-9 Spanish/French ISBN 978-3-03761-280-4

102 Masswerk Architekten

Benedikt Rigling, René Bosshard und Matthias Baumann sind die Gründer des seit 2003 in Luzern und seit 2008 auch in Zürich domizilierten Büros Masswerk Architekten. Seither ist neben Wohnbauten eine Reihe von öffentlichen Gebäuden – insbesondere Schulhäuser, Alterszentren und Werkhöfe – entstanden, die sich durch ein breites architektonisches Repertoire und eine sorgfältige Entwurfsarbeit auszeichnen.

128 Seiten, 22,5 × 29 cm, 130 Abbildungen, 68 Pläne fadengeheftete Broschur , CHF 48 – / EUR 44,– deutsch/englisch ISBN 978-3-03761-289-7

Benedikt Rigling, René Bosshard and Matthias Baumann are the founders of Masswerk Architekten, which has been based in Lucerne since 2003 and in Zurich since 2008. In addition to residential buildings, a number of public buildings have been created over the years – in particular school buildings, retirement centres and municipal facilities – which are characterised by a broad architectural repertoire and meticulous design work.

128 pages, 22.5 × 29 cm, 130 images, 68 plans Stitched brochure, CHF 48.00 / EUR 44.00 German/English ISBN 978-3-03761-289-7

Brutales Luzern
Brutalistische Architektur im Kanton Luzern

Brutales Luzern
Brutalistische Architektur im Kanton Luzern

Brutales Luzern zeigt den Brutalismus im Kanton Luzern. Das Phänomen des Brutalismus erfuhr in den letzten Jahren grosse internationale Aufmerksamkeit. Diese Publikation zeigt in 53 Porträts eine unglaubliche Fülle dieser expressiven Architekturen im Raum Luzern. Kaum zu glauben, was sich auf dem geografisch überschaubaren Raum von rund 1500 Quadratkilometern alles findet! Entlang einer chronologischen Abfolge werden die bedeutendsten Gebäude der 1960er und 1970er Jahre anhand zahlreicher Fotografien, kompakter Detailinformationen und ausführlicher Plandokumentationen präsentiert.
Die Auswahl von privaten und öffentlichen Bauten wie Schulen, Gemeindeverwaltungen, Altersheimen, Kirchen, Klöstern, Missions- und Priesterseminaren und weiteren Infrastrukturen ist bemerkenswert. Darunter finden sich ebenso herausragende und viel beachtete Gebäude wie weniger bekannte Exemplare. Eine Übersichtskarte verortet die Bauten und ein Essay ordnet den schweizerischen Brutalismus architekturgeschichtlich ein. Das Buch dient auch als handlicher Reiseführer für Architekturliebhabende.

Autor: Giacomo Paravicini
Fotografien: Michael Scherer

328 Seiten, 21 × 28 cm
229 Abbildungen, 139 Pläne
Flexcover, fadengeheftet
deutsch
ISBN 978-3-03761-293-4
CHF 78.– / EUR 78,–

Brutales Luzern
Brutalistische Architektur im Kanton Luzern

Brutales Luzern presents Brutalism in the Canton of Lucerne. In recent years, the phenomenon of Brutalism has enjoyed great international attention. The 53 portraits in this publication present the incredible diversity of this expressive architecture in the Lucerne region. It is incredible how much the relatively small region of 1,500 square kilometres has to offer. The most important buildings from the 1960s and 1970s are presented chronologically, including numerous photographs, compact, detailed information and extensively documented plans.
The selection of private and public buildings, such as schools, municipal administrations, homes for the elderly, churches, monasteries, missionary and theological colleges, industrial facilities and infrastructure, is remarkable. It includes outstanding and widely appreciated buildings, as well as lesser known examples. A plan provides an overview of the buildings and an essay locates Swiss Brutalism in an architectural-historical context. The book also serves as a useful travel guide for architecture enthusiasts.

Author: Giacomo Paravicini
Photography: Michael Scherer

328 pages, 21 × 28 cm
229 images, 139 plans
Flexcover, thread-stitched
German
ISBN 978-3-03761-293-4
CHF 78.00 / EUR 78.00

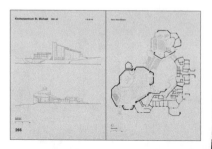

Textbeiträge: Andrea Burkhard,
Christian Hönger, Gerold Kunz,
Arthur Rüegg, Urs Stahel,
Günther Vogt
Bildessays: Peter Ammon,
Georg Aerni

184 Seiten, 22,5 × 29 cm
51 Abbildungen, 33 Skizzen und Pläne
Hardcover, fadengeheftet
deutsch/englisch
ISBN 978-3-03761-231-6
CHF 54.– / EUR 19,

Articles by: Andrea Burkhard,
Christian Hönger, Gerold Kunz,
Arthur Rüegg, Urs Stahel,
Günther Vogt
Photo essays: Peter Ammon,
Georg Aerni

184 pages, 22.5 × 29 cm
51 images, 33 sketches and plans
Hardcover, thread-stitched
German/English
ISBN 978-3-03761-231-6
CHF 54.00 / EUR 49.00

Kantonsschule Menzingen KSM
Denkmalpflegerische Erneuerung
Bünzli & Courvoisier Architekten

Das ehemalige Lehrerinnenseminar Bernarda in Menzingen wurde von
1955 bis 1958 von den beiden renommierten Zuger Architektenteams
um Hanns A. Brütsch und Alois Stadler sowie um Leo Hafner und
Alfons Wiederkehr gebaut. Die Schulanlage auf einer Hügelkuppe in-
mitten der reizvollen Landschaft zwischen Zuger- und Zürichsee ist
ein ausserordentliches Beispiel der Schweizer Architektur der 1950er
Jahre. Die Anlage überzeugt durch die Inszenierung ihrer exponierten
Lage, der stimmigen Anordnung von fünf stark individualisierten Ge-
bäuden um eine kreuzgangartige Mitte sowie durch die eindrückliche
Gestaltung der Aussenräume des Gartenarchitekten Ernst Cramer.
Zwischen 2015 und 2018 wird die Anlage von den Architekten Bünzli
& Courvoisier erweitert und saniert und so ihrer neuen Nutzung als
Kantonsschule zugeführt. Die Architekten orientieren sich dabei an
den städtebaulichen und architektonischen Gestaltungsprinzipien des
Bestands, überfassen und ergänzen diesen mit grossem Respekt, aber
undogmatisch, sodass die Grenzen zwischen Alt und Neu bewusst
verwischt werden.

Menzingen Cantonal School KSM
Refurbishing Architectural Heritage
Bünzli & Courvoisier Architekten

The former Bernarda teacher-training centre in Menzingen
was built between 1955 and 1958 by the two renowned Zug
architectural teams of Hanns A. Brütsch and Alois Stadler, and
Leo Hafner and Alfons Wiederkehr. The school on a gentle
slope in the midst of the attractive landscape between Lake
Zug and Lake Zurich is an exceptional example of 1950s Swiss
architecture. The facility impresses with its staging of the
exposed location, the coherent arrangement of five highly
individualised buildings around a circular centre, and the no-
table design of the open spaces by Ernst Cramer.
Between 2015 and 2018, the facility was extended and refur-
bished by the architects Bünzli & Courvoisier, transforming it
for its new use as a cantonal school. The architects were
strongly guided by the urban-planning and architectural design
principles of the existing structures, while framing and expanding them with great respect and an undogmatic approach to
consciously blur the boundaries between old and new.

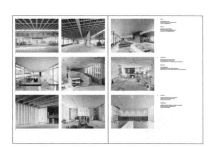

52 Kollektiv Marudo

Das Spektrum des jungen Badener Büros Kollektiv Marudo reicht von Umbauten und Sanierungen bis zu grossen Wohnsiedlungen. Die Gründer Alexander Athanas, Ole Bühlmann und Rafael Zulauf streben durch eine integrale Betrachtung jeder Bauaufgabe eine nachhaltige Architektur an, deren innovativer Charakter nicht im Widerspruch zu D   i   t   m steht. Beispielhaft hierfür steht der 2022 fertiggestellte Neubau der Schulanlage Brühl in Solothurn.

60 Seiten, 16,5 × 21 cm, 46 Abbildungen, 18 Pläne
fadengeheftete Broschur, CHF 28.– / EUR 25,–
deutsch/englisch ISBN 978-3-03761-299-6

The spectrum of the young Baden-based office Kollektiv Marudo ranges from conversion and renovation projects to large housing estates. Its founders Alexander Athanas, Ole Bühlmann and Rafael Zulauf strive to achieve sustainable architecture through the integral observation of each building task, while its innovative character never contradicts tried and trusted approaches. One such example is the new Brühl school in Solothurn (2022).

60 pages, 16.5 × 21 cm, 46 images, 18 plans
Stitched brochure, CHF 28.00 / EUR 25.00
German/English ISBN 978-3-03761-299-6

53 SAAS

Über ein humanmedizinisches Studium fand Guillaume Yersin zum Masterabschluss der Architektur an der ETH Zürich. 2012 gründete er sein eigenes Büro SAAS in Genf und realisierte seither einige kleinere, erlesene Bauten, die von einem aussergewöhnlichen Gefühl für Konstruktion zeugen: so etwa eine Beobachtungsplattform über der Rhone in Bernex, die – in Holz konstruiert – architektonische Themen wie Tragen, Lasten und Fügen pointiert   d   u   r   bringt

60 Seiten, 16,5 × 21 cm, 50 Abbildungen, 13 Pläne
fadengeheftete Broschur, CHF 28.– / EUR 25,–
deutsch/englisch ISBN 978-3-03761-287-3

After studying human medicine, Guillaume Yersin earned a Master's degree in Architecture at the ETH Zurich. In 2012, he founded his own office, SAAS, in Geneva and has since realised several smaller, exquisite buildings that bear witness to an exceptional sense of construction: for example, an observation platform over the Rhone in Bernex, which – constructed in wood – pointedly expresses architectural themes such as supporting, bearing and joining.

60 pages, 16.5 × 21 cm, 50 images, 13 plans
Stitched brochure, CHF 28.00 / EUR 25.00
German/English ISBN 978-3-03761-287-3

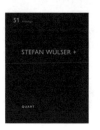

50 Baumgartner Loewe

Marcel Baumgartner realisiert seit 2010 in seinem Zürcher Büro Projekte in diversen Aufgaben- und Massstabsbereichen und zeichnet sich durch eine rege Teilnahme an Wettbewerben aus. 2020 stiess Claudia Loewe zu ihm, seit 2022 firmieren sie als Baumgartner Loewe Architekten. Ihre Entwurfshaltung ist geprägt von einer engagierten Auseinandersetzung mit aktuellen Bauaufgaben und einer respektvollen Haltung gegenüber dem architektonischen Bestand.

68 Seiten, 16,5 × 21 cm, 26 Abbildungen, 13 Pläne
fadengeheftete Broschur, CHF 28.– / EUR 25,–
deutsch/englisch ISBN 978-3-03761-297-2

Since 2010, Marcel Baumgartner has worked in his Zurich office on projects with a wide range of tasks and scales, including prolific competition participation. In 2020, Claudia Loewe joined him, co-founding the company Baumgartner Loewe Architekten in 2022. Their design stance is characterised by committed engagement with current building tasks and respect for existing architectural structures.

68 pages, 16.5 × 21 cm, 26 images, 13 plans
Stitched brochure, CHF 28.00 / EUR 25.00
German/English ISBN 978-3-03761-297-2

51 Stefan Wülser +

Architektur ist für den Zürcher Architekten Stefan Wülser nicht reduziert auf das Handwerk des Entwerfens und der Umsetzung des Entwurfs, sondern beinhaltet auch das Nachdenken über ihre soziokulturelle Bedeutung in der gegenwärtigen Gesellschaft. So entwickelte er beispielsweise mit dem Haus in Bassersdorf ein programmatisches Gebäude, das sich über einer bestehenden Tragstruktur in einer direkten, bricollageartigen Konstruktion gestenhaft und expressiv erhebt.

64 Seiten, 16,5 × 21 cm, 42 Abbildungen, 27 Pläne
fadengeheftete Broschur, CHF 28.– / EUR 25,–
deutsch/englisch ISBN 978-3-03761-288-0

For Zurich architect Stefan Wülser, architecture is not reduced to the craft of designing and implementing the design, but also involves thinking about its socio-cultural significance in contemporary society. With the house in Bassersdorf, for example, he developed a programmatic building that rises above an existing supporting structure in a direct, bricollage-like construction that is gestural and expressive.

64 pages, 16.5 × 21 cm, 42 images, 27 plans
Stitched brochure, CHF 28.00 / EUR 25.00
German/English ISBN 978-3-03761-288-0

ARCHITEKTUR MACHEN
SCHWEIZER ARCHITEKTUR-SCHAFFENDE IM GESPRÄCH

ROGER BOLTSHAUSER
CHRISTIAN KEREZ
BUCHNER BRÜNDLER
BAUBÜRO INSITU
LÜTJENS PADMANABHAN
DETOUR UNIVERSE
GIGON GUYER
STEFAN WÜLSER

QUART

Herausgegeben von: Silvano Ursella
Interviews mit: Barbara Buser,
Andreas Bründler, Christian Kerez,
Roger Boltshauser, Oliver Lütjens
und Thomas Padmanabhan u.a.

120 Seiten, 16,5 × 23 cm
57 Abbildungen, 10 Pläne
fadengeheftete Broschur
deutsch ISBN 978-3-03761-282-8
CHF 48.– / EUR 48,–

Edited by: Silvano Ursella
Interviews with: Barbara Buser,
Andreas Bründler, Christian
Kerez, Roger Boltshauser,
Oliver Lütjens and Thomas
Padmanabhan, et al.

120 pages, 16.5 × 23 cm
57 illustrations, 10 plans
Thread-stitched brochure
German ISBN 978-3-03761-282-8
CHF 48.00 / EUR 48.00

Architektur machen
Schweizer Architekturschaffende im Gespräch

In insgesamt acht Interviews mit Schweizer Architekten und Archi-
tektinnen wird der Entwurfsprozess erörtert. In den Gesprächen geht
es um die Bedeutung, die die Architektur für die Entwerfenden hat,
wie an eine Aufgabe herangegangen wird, um den Wert des Bildes, den
Umgang mit Gesetzen und darum, wie die Herausforderungen des
Klimawandels gehandhabt werden. Die Texte geben spannende Ein-
blicke in das Schaffen der Architekturschaffenden. Geführt wurden
die Interviews mit Barbara Buser (Baubüro Insitu), Andreas Bründler
(Buchner Bründler Architekten), Christian Kerez, Roger Boltshauser,
Oliver Lütjens und Thomas Padmanabhan, Annette Gigon (Gigon
Guyer), Steffen Hägele und Tina Küng (DU Studio) sowie Stefan Wülser.
In den unterschiedlichen und teilweise gegensätzlichen Haltungen der
Architekturschaffenden offenbart sich, was Architektur alles sein kann
und wie viele verschiedene Zugänge sie hat.
Ergänzt werden die acht Interviews durch Abbildungen und Pläne, die
spielerisch auf die thematisierte Architektur verweisen.

Architektur machen
Schweizer Architekturschaffende im Gespräch

Swiss architects discuss the design process in a total of eight
interviews. The interviews focus on the importance of architecture for the designers, how a task is approached, the value
of the image, how building laws are addressed and how the
challenges of climate change are handled. The texts provide
fascinating insights into the work of the architects. The interviews were conducted with Barbara Buser (Baubüro Insitu),
Andreas Bründler (Buchner Bründler Architekten), Christian
Kerez, Roger Boltshauser, Oliver Lütjens and Thomas Padmanabhan, Annette Gigon (Gigon Guyer), Steffen Hägele and
Tina Küng (DU Studio) and Stefan Wülser. The different and
sometimes contradictory attitudes of the architects reveal
what architecture can be and how many different approaches
there are.
The eight interviews are supplemented by illustrations and
plans that playfully refer to the architecture discussed.

Durchgesteckte Kleinwohnungen mit einer offenen, gestaffelten Raumabfolge von Wohn- und Essbereich mit abtrennbarer Küche prägen den Grundtyp der Wohnungen
Compact floor through flats with an open, staggered sequence of living and dining areas featuring closable kitchens define the primary apartment layout

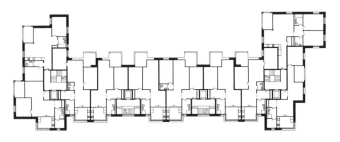

Der architektonische Ausdruck lebt vom Spiel mit der räumlichen Tiefe
The architectural expression thrives on the play with spatial depth

BAUHAUS-MUSEUM, DESSAU
Internationaler Wettbewerb 2015

Die bestehende Stadtstruktur ist heterogen, sowohl bezüglich der Entstehungszeit und -geschichte als auch in der Gestaltung der Grundflächen und Volumen. Der Neubau des Bauhaus-Museums liegt am Übergang von der Stadt zum Park an der Kavalierstraße und wird als fragmentierte Gebäudestruktur entwickelt. Die zweigeschossige Gebäudekomposition spannt sich zwischen den bestehenden, schützenswerten Bäumen auf. «Kerne» wachsen aus dem Erdboden und tragen die in Höhe und Tiefe leicht versetzten Volumen. Der Parkraum fliesst zwischen den Gebäudekernen hindurch. Die attraktiven Nutzungen des Museums und des Stadtparks profitieren synergetisch von der Entfaltung ihrer Potenziale. So wird das Erdgeschoss als eine Art Stadtforum verstanden, welches seinen Beitrag zur Öffentlichkeit des Stadtparks leistet.

BAUHAUS MUSEUM, DESSAU
International competition 2015

The existing urban structure is characterized by heterogeneity, both in terms of the period of origin and history, as well as in the design of the surface areas and volumes. The new Bauhaus Museum is situated at the transition from the city to the park on Kavalierstraße and is developed as a fragmented building structure. The two-storey building composition spans between the existing, protected trees. "Cores" rise from the ground and bear the volumes, which are slightly offset in terms of height and depth. Park space flows between the building cores. The museum and the city park benefit synergistically from the development of their potentials. Thus, the ground floor is understood as a kind of civic forum, contributing to the public nature of the city park.

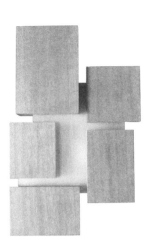

Die Gebäudeerschliessung erfolgt von allen Seiten und
mündet im mittig gelegenen Foyer, welches sich als inneres
Atrium über beide Geschosse erstreckt
**Building access is provided from all sides and leads to
the centrally located foyer, which extends over both floors
as an inner atrium**

Das luftig leichte Atrium kontrastiert mit
den geschlossenen, schweren Museumskuben
**The light and airy atrium contrasts with
the closed, heavy museum cubes**

Die zweigeschossige Gebäudekomposition
gliedert sich in eine transparente Zugangsebene
und eine introvertierte Ausstellungsebene im
ersten Obergeschoss
**The two-story building composition is divided
into a transparent entrance level and an
introverted exhibition level on the first floor**

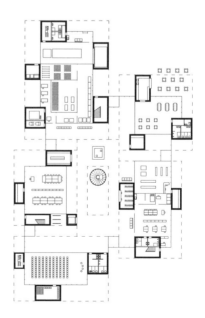

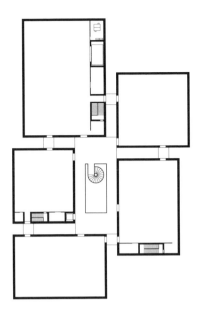

Die einzelnen Ausstellungsbereiche können
unterschiedlich bespielt werden und bieten
entsprechend kuratorische Flexibilität
**Distinct exhibition areas can be utilised
in different ways, offering corresponding
curatorial flexibility**

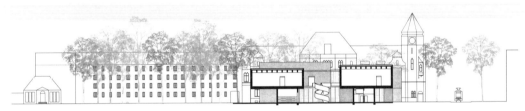

In den verglasten Übergängen zwischen
den einzelnen Ausstellungskuben wird der
Besucherschaft ein Blick auf den Park
und die Strasse freigegeben
**In the glazed transitions between
the individual exhibition cubes, visitors are
offered a view of the park and the street**

OBERSTUFENZENTRUM, INS
Wettbewerb 2022, 1. Preis

Ins liegt auf einer terrassenähnlichen Anhöhe über dem Grossen Moos. Trotz seiner beachtlichen Grösse ist der ländliche Charakter erhalten geblieben. Zu dieser Wahrnehmung trägt bei, dass das Grün der Umgebung bis weit ins Siedlungsgebiet hineingreift. Grossmassstäbliche Bauten wie die Reithalle Ins, die Sporthalle Rötschmatte und auch weitere landwirtschaftlich genutzte Bauten befinden sich am Dorfrand, am Übergang zur offenen Landschaft.

Das neue Oberstufenzentrum wird als kräftiger Gebäudekörper im südwestlichen Bereich des Projektperimeters positioniert. Als flächiges Gebäude nimmt es den Massstab der angrenzenden Sporthalle Rötschmatte auf. Zwischen den beiden öffentlichen Bauten bildet der bestehende Allwetterplatz das Bindeglied. Der Gebäudeeinschnitt zum südlich davorliegenden Ankunftsbereich markiert den Zugang des neuen Oberstufenzentrums und schafft eine klare Adresse. Die Anordnung sämtlicher Nutzungen in einem neuen Baukörper fördert eine Vielzahl von Synergien im Sinne der Nutzerschaft und des Betriebs.

SECONDARY SCHOOL, INS
Competition 2022, 1st Prize

Ins is situated on a terrace-like hill above the Grosse Moos. Despite its considerable size, a rural character predominates. Contributing to this perception is the fact that the surrounding greenery extends well into the settlement area. Large-scale structures such as the Ins riding hall, the Rötschmatte sports hall, and other agricultural buildings are located on the edge of the village, at the transition to the open landscape.

The new secondary school is positioned as a prominent building in the southwestern area of the project perimeter. As a substantial structure, it adopts the scale of the adjacent Rötschmatte sports hall. The existing all-weather court serves as the connection between the two public buildings. The building's setback, orientated towards the southern arrival area, marks the entrance to the new school and creates a distinct address. The arrangement of all functions in a new building promotes a variety of synergies for the users and for operations.

Das neue Gebäude nimmt Bezug auf den Massstab
vorhandener Gebäude am Dorfrand von Ins
**The new building references the scale of existing
buildings on the outskirts of Ins**

Das neue Oberstufenzentrum bildet durch seine klare Form ein selbstbewusstes Gegenüber zur bestehenden Dreifachsporthalle
The distinct form of the new secondary school contrasts confidently with the existing triple sports hall

Die nutzungsneutrale Gebäudestruktur ermöglicht dauerhafte Flexibilität und Anpassbarkeit
The use-neutral building structure enables lasting flexibility and adaptability

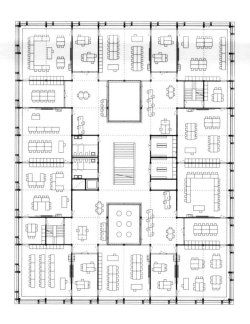

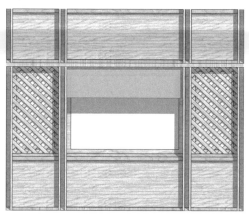

Die Lichthöfe strukturieren den tiefen
Baukörper und tragen zu einer freundlichen
Lernatmosphäre bei
**Atriums structure the deep volume and
contribute to a bright learning atmosphere**

Die Gebäudesilhouette zeichnet
in ihrer Höhenstaffelung die abfallende
Topografie nach
**The building's staggered silhouette
follows the sloping topography**

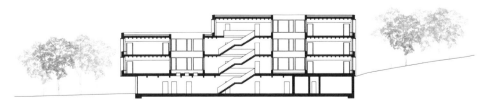

SPORTHALLE, OBERRÜTI
Fertigstellung 2021

In der gewachsenen Schulanlage werden die verschiedenen Funktionen (Schul-/Sporträume) je unterschiedlichen Häusern zugeordnet. Der durch diese Häuser definierte Zwischenraum wird als Pausenhof genutzt. Die übergeordnete Sichtachse vom Wald zur Kirche verläuft mittig über das Schulareal und verknüpft die einzelnen Nutzungen und Aussenräume untereinander. Dieses ortsbauliche und funktionale Prinzip wird mit der Erweiterung aufgenommen und zusätzlich gestärkt. Die zusätzlich geforderten Nutzungen werden in zwei separaten, den Städtebau akzentuierenden Gebäuden untergebracht: Die neue Doppelsporthalle im westlichen Arealteil bildet von der Hauptstrasse her gesehen einen öffentlichen Auftakt im Dorf, und das neue Werkgebäude im östlichen Arealteil schafft die Anbindung zur bestehenden Schulanlage. Ein gedeckter Unterstand mit den Geräteräumen ergänzt das neue Ensemble und schliesst den gefassten Pausenbereich zur offenen Landschaft hin ab.

SPORTS HALL, OBERRÜTI
Completion 2021

In the existing school complex, various functions such as classrooms or sport areas are assigned to different buildings. The space defined by these buildings is used as a playground. The main visual axis from the forest to the church runs centrally across the school grounds, interconnecting the various uses and outdoor spaces. This urban and functional principle is incorporated and further reinforced with the expansion. The new functions are accommodated in two separate buildings that accentuate the urban design: the new double sports hall in the western part of the site forms a public prelude to the village as perceived from the main road, and the new workshop building on the eastern part of the site establishes a connection to the existing school complex. A covered shelter with equipment rooms complements the new ensemble and defines the enclosed break area facing the open landscape.

Die Dachausbildung der Neubauten unterstützt den Zusammenhalt des Schulkomplexes und ermöglicht eine harmonische Einbettung der Baukörper in den ländlichen Kontext
The roof design of the new buildings enhances the unity of the school complex and facilitates a harmonious integration of the structures into the rural context

Mit der vorgeschlagenen Disposition wird ein präzise
definierter, naturnaher Aussenraum gebildet
**The new layout creates a precisely defined outdoor space
and a connection to nature**

Die additive Aneinanderreihung einzelner
Giebeldächer verweist auf die jeweilige
Nutzung und verleiht jedem Gebäude einen
identitätsstiftenden Ausdruck
**The additive sequence of individual
gabled roofs draws reference to the
respective uses and lends each building
an identity-defining expression**

28

Der mittige Pausenraum ist Teil einer
Serie von in der Höhenlage gestaffelten
Aussenräumen
**The central break area is part of a series of
outdoor spaces staggered in elevation**

Roh belassene Seekiefersperrholzplatten und Sichtbetonflächen prägen
die Raumatmosphäre der Doppelsporthalle
**Raw maritime pine plywood panels and exposed concrete surfaces
characterise the spatial atmosphere of the double sports hall**

Der Landschaftsbezug wird im Innern durch
bewusst gesetzte Öffnungen spürbar
**The connection to the landscape is
made perceptible in the interior through
deliberately placed openings**

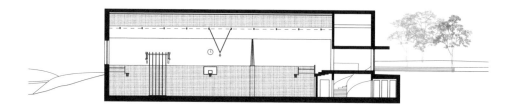

Das Wellblech reflektiert je nach Standpunkt
und Tageszeit den angrenzenden Landschaftsraum
unterschiedlich
**The corrugated sheet metal reflects the
adjacent landscape differently depending on the
viewpoint and time of day**

Über eine farblich akzentuierte
Materialisierung der Erschliessungsräume
werden die Sporttreibenden zu den
Umkleideräumen und zur Sporthalle geführt
**Athletes are guided to the changing rooms
and the sports hall through circulation
areas with colour-accentuated materials**

BAHNHOFSAREAL, ZÜRICH-WOLLISHOFEN
Wettbewerb 2022, 1. Preis

Für die Bebauung des brachliegenden Bahnhofareals in Zürich-Wollishofen wird eine lineare, offene Bebauungsstruktur entlang des Gleisfeldes entwickelt, welche sich an den typologischen Merkmalen des Quartiers orientiert. Die Neubauten zeichnen sich durch eigenständige Architekturen aus und folgen der sequenziellen Abfolge von Freiräumen. Gleichzeitig wird durch die Gebäudesetzung ein Raumkontinuum mit fliessenden Übergängen und einer hohen Durchlässigkeit geschaffen.

Das Quartier Wollishofen wird mit einem lebendigen und differenzierten lokalen Zentrum aufgewertet. Dem Erscheinungsbild – vom See und von den gegenüberliegenden Gemeinden aus gesehen – wird mit einer ruhigen städtischen Silhouette und ausgewogen proportionierten, mehrschichtigen Fassaden von heller Farbgebung Beachtung geschenkt.

RAIL YARD, ZURICH-WOLLISHOFEN
Competition 2022, 1st Prize

Following the typological characteristics of the neighbourhood, the disused rail yard of the Zurich-Wollishofen station is redeveloped with a linear, open structure running along the railway tracks. Each building has distinct architecture and adheres to a sequential arrangement of open spaces. Simultaneously, the placement of the buildings creates a spatial continuum with flowing transitions and a high degree of permeability.

The Wollishofen neighbourhood is enhanced with a vibrant and diversified local centre. Observed from the lake and the surrounding communities, the new buildings have a tranquil urban silhouette and well-balanced, multi-layered façades in light hues.

Es entsteht ein Arealzusammenhang bei gleichzeitiger Differenzierung der vier Volumen als unterschiedliche, auf ihre jeweilige spezifische Lage und Nutzung reagierende Strukturen
A coherent spatial connection emerges, by distinguishing the four volumes as differentiated structures, each tailored to its particular location and intended use

Die Neubauten werden typologisch
eigenständig, mit spezifischen Wohnqualitäten
entwickelt
**The new buildings are developed
with individual typologies and specific
living qualities**

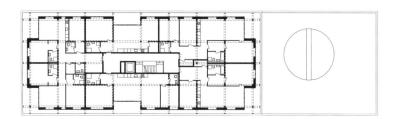

Die Grundrisstypologie ermöglicht
einer grossen Anzahl Wohnungen vorzügliche
Besonnung und freie Sicht auf den See
**The floor plan typology enables
many apartments to enjoy excellent sunlight
exposure and an unobstructed view of
the lake**

Die prägnante raumbildende Auskragung fasst den
städtischen Quartiersplatz
**The striking, space-defining overhang encompasses
the urban square**

ZWEIFAMILIENHAUS, ESSLINGEN
Fertigstellung 2014

Die Parzelle befindet sich in der Nähe der Endstation der Forchbahn, in erhöhter, ruhiger und sonniger Lage am Esslinger Dorfrand. Die Qualitäten des Grundstücks werden massgeblich durch die Topografie und die südöstlich angrenzende Freifläche bestimmt. Während man im Erdgeschoss vom unmittelbaren Gartenbezug profitiert, eröffnen sich aus dem Dachgeschoss attraktive Blicke über die Obstbäume hinweg Richtung Voralpen.

Die beiden zu erstellenden Wohneinheiten sollen maximal von den Qualitäten des Orts profitieren. Aufgrund dessen und in Orientierung an den baurechtlichen Rahmenbedingungen entstanden zwei ineinandergeschobene «Häuser».

TWO-FAMILY HOUSE, ESSLINGEN
Completion 2014

The plot is situated near the terminus of the Forch railway in an elevated, tranquil, and sunny location on the outskirts of Esslingen. The qualities of the property are largely determined by the topography and the adjacent open space to the south-east. While the ground floor benefits from direct garden access, the attic floor reveals attractive views over the fruit trees towards the foothills of the Alps.

The two residential units fully capitalise on the qualities of the location. As a result, and in accordance with the building regulations, two interconnected "houses" have been conceived.

Das gestaffelte Gebäudevolumen ermöglicht es beiden
Einheiten, allseitig Bezüge nach aussen herzustellen
**The staggered building volume enables both units to
establish connections to the outside on all sides**

Die beiden Einheiten verschmelzen durch eine dunkel gehaltene
Materialisierung zu einer skulpturalen Komposition
**The two units merge into a sculptural composition through the
use of dark-toned materials**

Die Wohnungen sind über drei Geschosse organisiert, wobei jedes Geschoss seinen eigenen Charakter erhält
The units are organised over three floors, whereby each floor is assigned its own character

Grosszügige Verglasungen über Eck im Erdgeschoss lassen Innen- und Aussenraum ineinanderfliessen
Generous corner glazing on the ground floor allows the interior and exterior spaces to flow into one another

Der Dachraum öffnet sich als erweiterter Wohnraum mit verglasten
Giebelfassaden nach aussen
**The attic space opens as an extended living space with glazed gable
façades facing outwards**

Der dunkle Farbton verleiht dem Gebäude eine edle Ausstrahlung
und erzeugt einen prägnanten Kontrast zum weissen Inneren
**The dark exterior gives the building an elegant aura and contrasts
sharply with the white interior**

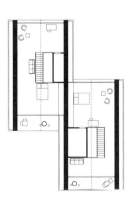

SCHULERWEITERUNG STEIG, SCHAFFHAUSEN
Wettbewerb 2021, 1. Preis

Die Schulanlage Steig liegt in erhöhter Lage über der Stadt Schaffhausen in einem stark durchgrünten, historisch bedeutsamen Quartier. Mit der Setzung zweier Neubauten soll die historisch gewachsene Anlage ihre ursprüngliche Klarheit zurückgewinnen und das Ensemble von Einzelbauten gestärkt werden. So wird im nördlichen Grundstücksteil eine dichte, aber zugleich nach Süden durchlässige Bebauung ausgebildet. Ein kompakter dreigeschossiger Neubau mit Turnhalle und zwei darüberliegenden Klassengeschossen ergänzt das bestehende Schulareal und liegt mit der Stirnfassade an der Stockarbergstrasse, sodass der Pausenhof westwärts räumlich gefasst wird. Die alte Turnhalle erfährt einen Rückbau in ihren historischen Zustand, wodurch im Herzen des nördlichen Arealteils ausreichend Platz für einen niedrigen Pavillon mit Tagesstruktur und Bibliothek entsteht. Dieser wird leicht abgedreht und als öffentlicher Bau neuer Dreh- und Angelpunkt der Gesamtanlage, ohne dass das Raumkontinuum im Ganzen, und im Besonderen im Südteil des Areals, unterbrochen wird.

STEIG SCHOOL EXPANSION, SCHAFFHAUSEN
Competition 2021, 1st Prize

The Steig school complex is situated in an elevated position above the city of Schaffhausen in a densely green and historically significant neighbourhood. With the addition of two new buildings, the campus that has evolved over time regains its original clarity and the ensemble of individual structures is strengthened. In the northern section of the site, a dense development is designed with permeability towards the south. A compact three-storey new building containing a gymnasium with two floors of classrooms located above expands the existing school grounds. The front façade of this building faces Stockarbergstrasse and spatially encompasses the schoolyard to the west. The old gymnasium is restored to its historical condition, allowing sufficient space in the heart of the northern area to accommodate a low pavilion with a day centre and a library. This pavilion is slightly rotated and serves as a new focal point and public building for the entire complex while maintaining the spatial continuum as a whole, and in particular in the southern part of the site.

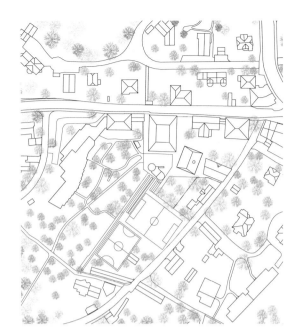

Das neue Ensemble definiert räumlich den zentralen Pausenhof
The new ensemble spatially defines the central schoolyard

Die offene Gestaltung des Erdgeschosses ermöglicht spannende Blickbeziehungen aus dem öffentlichen Aussenraum in die Sporthalle
The open design of the ground floor enables intriguing visual connections from the public outdoor space into the sports hall

Die fünf Gebäude werden mit unterschiedlichen Nutzungen bespielt und über den gemeinsamen Pausenhof erschlossen
The five buildings accommodate different uses and are accessed through the common schoolyard

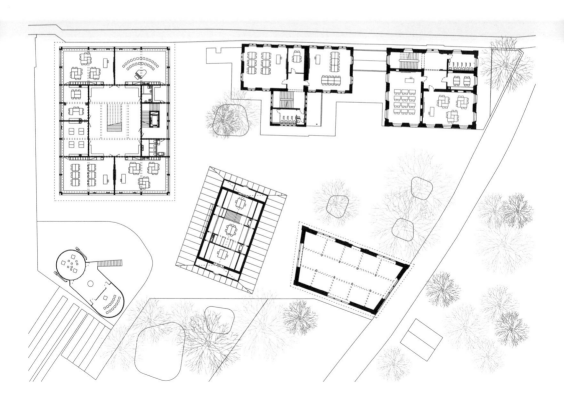

Mit der alten Sternwarte und dem
Pavillongebäude hat dieser Ort das Potenzial,
ein Treffpunkt nicht nur für die Schule, sondern
auch für das Quartier zu werden
**With the old observatory and the pavilion
building, the central area has the potential
to become a meeting point not only for
the school but also for the local community**

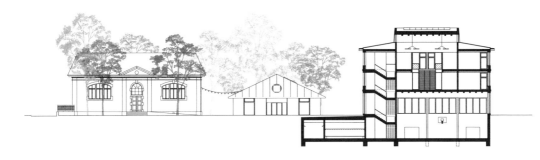

Die zweigeschossige Halle im neuen Schulgebäude lässt Gestaltungsspielräume
offen und bietet der Schülerschaft informelle Begegnungsmöglichkeiten
**The two-story hall in the new school building allows for creativity and
provides students with informal meeting opportunities**

WOHNHAUS HAGMANNAREAL, WINTERTHUR
Fertigstellung erste Etappe 2017

Das zentral gelegene Grundstück in Winterthur-Seen ist wesentlich geprägt durch die Topografie und Geschichte des Orts. Der bestehende Gewerbebau verweist auf die frühere Nutzung des Areals als Holzbau- und Zimmereibetrieb und wird mittlerweile durch verschiedene Kleinbetriebe und Ateliers bespielt. Zwei unterschiedliche Bebauungstypen kommen zum Einsatz. Zwischen ihnen fungiert der freigespielte Hang als verbindendes Freiraumelement.

Die neue Hoffigur bildet mit dem bestehenden Scheunenbau einen dichten Ort, welcher zum umgebenden Landschaftsraum im Kontrast steht. Die zeilenförmige Bebauung entlang der Grundstrasse folgt dem Freiraum. Ein übergeordneter Weg führt durchs Areal und schafft eine quartiersvernetzende Verbindung mit Anschluss an den S-Bahnhof Winterthur-Seen.

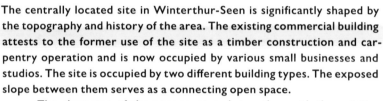

HAGMANNAREAL HOUSING, WINTERTHUR
Completion of the first stage 2017

The centrally located site in Winterthur-Seen is significantly shaped by the topography and history of the area. The existing commercial building attests to the former use of the site as a timber construction and carpentry operation and is now occupied by various small businesses and studios. The site is occupied by two different building types. The exposed slope between them serves as a connecting open space.

The character of the new courtyard, together with the existing barn structure, creates a compact space that contrasts with the surrounding landscape. The linear development along Grundstrasse follows the open space. A primary pathway runs through the site, creating a neighbourhood-connecting link that provides access to the Winterthur-Seen suburban railway station.

Ein markanter Gebäudeabschluss bildet den
Auftakt des Areals
**A distinctive building serves as a transition
from the street to the site**

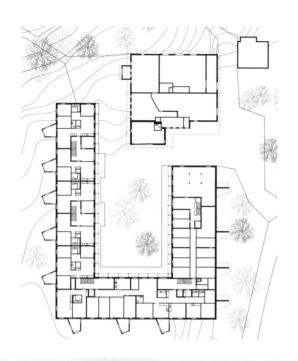

Alt und Neu bilden einen atmosphärisch
dichten Ort
**Old and new create a place rich in
atmosphere**

Der abgestufte Baukörper berücksichtigt den Übergang von der Landschaft ins Quartier
The stepped structure takes into account the transition from the landscape to the neighbourhood

Geschützte Aussenräume dienen der Bewohnerschaft als Rückzugsorte
Protected outdoor spaces serve as retreats for the residents

Die privaten Aussenzimmer verzahnen sich
mit dem angrenzenden Grünraum
**The private outdoor rooms blend with the
adjacent green space**

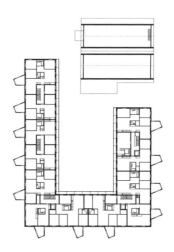

Das neue Ensemble lebt von der spannungsvollen Abfolge von räumlicher Nähe zu Weite.
The new ensemble thrives on the dynamic sequence from spatial proximity to expansiveness.

Mit ihrer vorgelagerten Verandaschicht beleben die Essküchen den gemeinschaftlichen Hof
Dining kitchens flanked by verandas give life to the communal courtyard

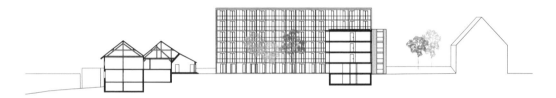

Kollektive Aneignungsräume unterstützen die Idee der gemein-schaftsbildenden Hoftypologie
Collective spaces for appropriation support the concept of the community-building courtyard typology

MARIO SOPPELSA

1978	Geboren in Zürich
1993–1998	Kantonsschule Rämibühl, Zürich, Matura Typus C
1998–2006	Architekturstudium an der ETH Zürich, Diplom bei Adrian Meyer
2006–2010	Projektleiter bei weberbrunner architekten, Zürich
2012	Gründung des Büros Soppelsa Architekten
2018–2019	Master in Real Estate am CUREM, Universität Zürich

NINO SOPPELSA

1981	Geboren in Uster
1996–2001	Kantonsschule Rämibühl, Zürich, Matura Typus C
2002–2003	Vorkurs an der HGK, Luzern
2003–2008	Architekturstudium an der ETH Zürich, Diplom bei Josep Lluis Mateo
2009–2010	Projektarchitekt bei Buchner Bründler Architekten, Basel
2012	Gründung des Büros Soppelsa Architekten

CLAUDIA SOPPELSA-PETER

1979	Geboren in Münsterlingen
1995–1999	Hochbauzeichnerlehre in Schaffhausen
1995–1999	Gestalterische Berufsmaturität, Zürich
1999–2004	Innenarchitekturstudium an der HGK Zürich
2004	Diplom als Designerin FH, Fachbereich Innenarchitektur
2004–2022	Projektleiterin bei EM2N Architekten, Zürich
2023–	Mitglied der Geschäftsleitung von Soppelsa Architekten

TEAM

Adam Balog, Vera Bannwart, Natalia Bencheci, °Barbara Bergamaschi, Filippo Brutto, Bartosz Bukowski, Anna Eva Debrunner, Zsuzsanna Edes, Andreia Fernandes, Marvin Franz, Melina Fritsch, °Tobias Grabowski, Ricardo Guimaraes, Reto Habermacher, °Katja Hewing, Nina Hug, Felix Iburg, Takuto Ihara, Tobias Kumkar, °Leonardo Meanti, Christian Oeder, °Jonas Pfeffer, Chiara Pestoni, °Marija Petruljevic. °Jonas Pfeffer, °Katja Andrea Roser, Klemen Senk, °Tiziana Schirmer, Joelle Schmied, °Pavel Sefcik, Jonas Sostmann, °Nadine Spielmann, Katja Steger, Salome Stoffel, Patrick Suhner, Sofia Terceros, °Aleksandar Todorov, Anastasia Tzompanaki, °Loris Vendrami, °Valentina Vianello, °Simon von Gunten, Jan-Marco Westerheide, Christoph Wiesner, °Damian Wnuk, Chaoyi Yu, Matteo Zanuso, Simona Zimmermann, Nora Zoppi, Filip Zuman

°Aktuell

MARIO SOPPELSA

1978	Born in Zurich
1993–1998	Rämibühl cantonal school, Zurich, Matura Type C
1998–2006	Studied architecture at the ETH Zurich, Diploma project with Adrian Meyer
2006–2010	Project manager at weberbrunner architekten, Zurich
2012	Founded Soppelsa Architekten
2018–2019	Master in Real Estate at CUREM, University of Zurich

NINO SOPPELSA

1981	Born in Uster
1996–2001	Rämibühl cantonal school, Zurich, Matura Type C
2002–2003	Foundation course at the HGK, Lucerne
2003–2008	Studied architecture at the ETH Zurich, Diploma project with Josep Lluis Mateo
2009–2010	Project architect at Buchner Bründler Architekten, Basel
2012	Founded Soppelsa Architekten

CLAUDIA SOPPELSA-PETER

1979	Born in Münsterlingen
1995–1999	Apprenticeship as structural draughtsman, Schaffhausen
1995–1999	Creative vocational baccalaureate, Zurich
1999–2004	Studied interior HGK, Zurich
2004	Diploma as Designer UAS, interior design
2004–2022	Project manager at EM2N Architekten, Zurich
2023–	Managing member, Soppelsa Architekten

TEAM

Adam Balog, Vera Bannwart, Natalia Bencheci, °Barbara Bergamaschi, Filippo Brutto, Bartosz Bukowski, Anna Eva Debrunner, Zsuzsanna Edes, Andreia Fernandes, Marvin Franz, Melina Fritsch, °Tobias Grabowski, Ricardo Guimaraes, Reto Habermacher, °Katja Hewing, Nina Hug, Felix Iburg, Takuto Ihara, Tobias Kumkar, °Leonardo Meanti, Christian Oeder, °Jonas Pfeffer, Chiara Pestoni, °Marija Petruljevic. °Jonas Pfeffer, °Katja Andrea Roser, Klemen Senk, °Tiziana Schirmer, Joelle Schmied, °Pavel Sefcik, Jonas Sostmann, °Nadine Spielmann, Katja Steger, Salome Stoffel, Patrick Suhner, Sofia Terceros, °Aleksandar Todorov, Anastasia Tzompanaki, °Loris Vendrami, °Valentina Vianello, °Simon von Gunten, Jan-Marco Westerheide, Christoph Wiesner, °Damian Wnuk, Chaoyi Yu, Matteo Zanuso, Simona Zimmermann, Nora Zoppi, Filip Zuman

°Current

BIBLIOGRAFIE

2018	[Wohnhaus Hagmannareal, Winterthur], in: *best architects*, Nr. 19, S. 102–109
	«Rendite & Gemeinschaft» [Wohnhaus Hagmannareal, Winterthur], in: *werk, bauen + wohnen*, Nr. 10, S. 68–69
2019	Familie Hagmann (Hrsg.), *Gemeinschaft bauen. Wohnen und Arbeiten auf dem Hagmann-Areal in Winterthur*, Zürich
	[Wohn- und Geschäftshaus sue & til, Winterthur], in: *Hochparterre*, Nr. 8
2021	«Tüfteln, bis die Situation passt» [Schulerweiterung Steig, Schaffhausen], in: *hochparterre wettbewerbe*, Nr. 3, S. 40–41
2022	«Sinnlich minimalistisch» [Sporthalle, Oberrüti], in: *md*, Sonderheft *Material wirkt*, S. 32–36
	[Sporthalle, Oberrüti], in: *best architects*, Nr. 23, S. 318–321

4

LIST OF WORKS (SELECTION)

5

6

2010	1	Competition, Schalmenacker school, Rafz (2nd Prize)
2012		Conversion, holiday home, Bivio
		Feasibility study, Breiteli estate, Thalwil (2nd Prize)
2013		Competition, Roos kindergarten, Regensdorf (2nd Prize)
2014		Two-family house, Esslingen
2015		Competition, Bauhaus Museum, Dessau (recognition)
2016	2	Zelgli school expansion, Killwangen (competition 2012, 1st Prize)
2017		Hagmannareal housing (stage 1), Winterthur (with weberbrunner architekten; competition 2012, 1st Prize)
2018	3	sue & til residential and commercial building, Winterthur (with weberbrunner architekten ag; feasibility study 2013, 1st Prize)
2019	4	Competition, residential building, Hitzkirch (2nd Prize)
	5	Feasibility study, Oberdorf site, Horgen
2021		Sports hall, Oberrüti (competition 2018, 1st Prize)
2022	6	Competition, residential building, Lucerne (2nd Prize)
2023		Campus Moos school expansion, Rüschlikon (competition 2019, 1st Prize)

Ongoing:

	7	School expansion, Wängi (feasibility study 2019, 1st Prize)
		Kindergarten, Wetzikon (competition 2020, 1st Prize)
		Steig school expansion, Schaffhausen (competition 2021, 1st Prize)
		Oberstadt estate, Aarburg (competition 2021, 1st Prize)
	8	Tulpenstrasse apartment building, Zurich (feasibility study 2021, 1st Prize)
		Siewertstrasse residential building, Zurich (in planning)
		Secondary school, Ins (competition 2022, 1st Prize)
		Residential and commercial building, Zurich-Witikon (feasibility study 2022, 1st Prize)
		Rail yard, Zurich-Wollishofen (competition 2022, 1st Prize)
		Lakeside, Wetzikon (feasibility study 2022, 1st Prize)
		Project study, Farnbühl, Wohlen (recommendation for further development)

7

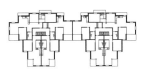

8

BIBLIOGRAPHY

2018	[Hagmannareal housing, Winterthur]. In: *best architects,* No. 19, p. 102–109
	"Rendite und Gemeinschaft" [Hagmannareal housing, Winterthur]. In: *werk, bauen + wohnen,* No. 10, p. 68–69
2019	Hagmann Family (Ed.): *Gemeinschaft bauen. Wohnen und Arbeiten auf dem Hagmann-Areal in Winterthur,* Zurich
	[sue & til residential and commercial building, Winterthur]. In: *Hochparterre,* No. 8
2021	"Tüfteln, bis die Situation passt" [Steig school, Schaffhausen]. In: *hochparterre competitions,* No. 3, p. 40–41
2022	"Sinnlich minimalistisch" [Sports hall, Oberrüti]. In: *Material wirkt – md Sonderausgabe mit db,* p. 32–36
	[Sports hall Oberrüti]. In: *best architects,* No. 23, p. 318–321

Finanzielle und ideelle Unterstützung

Ein besonderer Dank gilt den Institutionen und Sponsorfirmen, deren finanzielle Unterstützungen wesentlich zum Entstehen dieser Buchreihe beitragen. Ihr kulturelles Engagement ermöglicht ein fruchtbares und freundschaftliches Zusammenwirken von Baukultur und Bauwirtschaft.

Financial and conceptual support

Special thanks to our sponsors and institutions whose financial support has helped us so much with the production of this series of books. Their cultural commitment is a valuable contribution to fruitful and cordial collaboration between the culture and economics of architecture.

ERNST GÖHNER STIFTUNG

3-Plan AG, Winterthur

Akeret Baumanagement AG, Bern

Amstein + Walthert AG, Zürich

APT Ingenieure GmbH, Zürich

Caretta Weidmann

Caretta+Weidmann Baumanagement AG

E. Pfister & Cie AG, Dielsdorf

Elementwerk Istighofen AG, Istighofen

Gruenberg + Partner AG, Zürich

gruner >

Gruner AG, Zürich

HKG Engineering AG Baden

IBG Engineering AG, Baar

IHT Ingenieurbüro für Holz + Technik AG, Schaffhausen

KAULQUAPPE ®
↗ BUILD DIGITAL

Kaulquappe AG, Zürich

laterza raguth | baupartner ag
planung
management
realisierung

laterza raguth | baupartner ag, Zürich

PIRMIN JUNG

PIRMIN JUNG Schweiz AG, Sursee

Rosenmayr
Landschaftsarchitektur

Rosenmayr Landschaftsarchitektur GmbH BSLA, Zürich

SIMA | BREER
LANDSCHAFTSARCHITEKTUR

SIMA | BREER Landschaftsarchitektur, Winterthur

Solubois GmbH, Winterthur

SPLEÏSS
Die Baumeister mit Herz und Verstand

Spleiss AG Bauunternehmung, Küsnacht

suisse | plan

suisseplan Ingenieure AG, Zürich

WMM Ingenieure AG, Münchenstein

Abdichtungsbau Durrer AG, Alpnach
BAKUS Bauphysik + Akustik AG, Zürich
Dörig Bedachungen Fassadenbau AG, Berg
Gabriele + Partner GmbH, Jona
Villiger Bau AG, Sins

Soppelsa
54. Band der Reihe *Anthologie*
Herausgegeben von: Heinz Wirz, Luzern
Konzept: Heinz Wirz; Soppelsa Architekten, Zürich
Projektleitung: Quart Verlag, Antonia Chavez-Wirz
Textbeitrag: Elias Baumgarten, Zürich
Objekttexte: Soppelsa Architekten
Textlektorat deutsch: Miriam Seifert-Waibel, Hamburg
Textlektorat englisch: Nicholas Elliott, Berlin
Übersetzung deutsch–englisch: Dorian McCarthy, Bern
Fotos: Beat Bühler, Zürich, S. 9–13, 27–31, 50–51, 52 (Nr. 3);
Radek Brunecky, Zürich, S. 37–39, 53 (Nr. 2); Georg Aerni, Zürich, S. 45, 46,
47 (oben), 48 (unten), 49 (oben); Volker Schopp, Zürich, S. 47 (unten),
48 (oben), 49 (unten)
Visualisierungen: Radek Brunecky, Zürich, S. 15, 17, 19–21, 23, 25, 33–35,
41–43, 52 (Nr. 7), 53 (Nr. 5); Yoshihiro Nagamine, Zürich, S. 52 (Nr. 1)
Redesign: BKVK, Basel – Beat Keusch, Angelina Köpplin-Stützle
Grafische Umsetzung: Quart Verlag Luzern
Lithos: Printeria, Luzern
Druck: DZA Druckerei zu Altenburg GmbH

Der Quart Verlag wird vom Bundesamt für Kultur für die Jahre 2021–2024
unterstützt.

© Copyright 2023
Quart Verlag Luzern, Heinz Wirz
Alle Rechte vorbehalten
ISBN 978-3-03761-298-9

Soppelsa
Volume 54 of the series *Anthologie*
Edited by: Heinz Wirz, Lucerne
Conzept: Heinz Wirz; Soppelsa Architekten, Zurich
Project management: Quart Verlag, Antonia Chavez-Wirz
Article by: Elias Baumgarten, Zurich
Project descriptions: Soppelsa Architekten
German text editing: Miriam Seifert-Waibel, Hamburg
English text editing: Nicholas Elliott, Berlin
German–English translation: Dorian McCarthy, Bern
Photos: Beat Bühler, Zurich, p. 9–13, 27–31, 50–51, 52 (No. 3);
Radek Brunecky, Zurich, p. 37–39, 53 (No. 2); Georg Aerni,
Zurich, p. 45, 46, 47 (top), 48 (bottom), 49 (top);
Volker Schopp, Zurich, p. 47 (bottom), 48 (top), 49 (bottom)
Visualisations: Radek Brunecky, Zurich, p. 15, 17, 19–21, 23, 25, 33–35,
41–43, 52 (No. 7), 53 (No. 5); Yoshihiro Nagamine, Zurich, p. 52 (No. 1)
Redesign: BKVK, Basel – Beat Keusch, Angelina Köpplin-Stützle
Graphic design: Quart Verlag Lucerne
Lithos: Printeria, Lucerne
Printing: DZA Druckerei zu Altenburg GmbH

Quart Publishers is being supported by the Federal Office of Culture for
the years 2021–2024.

© Copyright 2023
Quart Verlag Luzern, Heinz Wirz
All rights reserved
ISBN 978-3-03761-298-9

Quart Verlag GmbH
Denkmalstrasse 2, CH-6006 Luzern
books@quart.ch, www.quart.ch

*inserted booklet with translation